Gestión de marketing para principiantes

Cómo crear y establecer tu marca, construir relaciones con los clientes y aumentar las ventas con la gestión de marketing.

Sebastian Wahlig

CONTENIDO

¿Qué puedes esperar de este libro?

¿Te interesa la gestión de marketing, pero necesitas un resumen de los aspectos básicos para entenderla bien y evaluar las oportunidades por ti mismo? Entonces esta guía es exactamente lo que necesitas: La gestión inteligente del marketing es una herramienta importante para la construcción de la marca y la fidelización sostenible de los clientes.

Aquí obtendrás una introducción a la gestión de marketing y a sus principios básicos más importantes: ¿Qué significa realmente el término hoy en día y qué objetivos persigue?

Seguro que has oído hablar del conocido marketing mix, pero ¿qué significa exactamente? ¿Qué pasa con el mercado existente, cómo se hacen las demarcaciones y cómo se desarrolla una estrategia de marketing adecuada a partir de esta información para poder vincular a los clientes a largo plazo?

En este libro obtendrás respuestas fáciles de entender a todas estas preguntas, que te ayudarán a tener una visión general de los fundamentos.

Además, recibirás importantes consejos prácticos, así como un plan de acción en 10 pasos para elaborar tu propio plan de marketing.

Introducción

LA GESTIÓN DEL MARKETING EN EL SIGLO XXI

El término marketing en alemán significa gestión de ventas y engloba una serie de estrategias y actividades empresariales con el objetivo de presentar y, en última instancia, vender una marca, un producto o un servicio a uno o varios grupos destinatarios. En este proceso, la gestión del marketing ha sufrido una gran transformación en los últimos 100 años: El marketing que conocemos hoy en día no surgió hasta finales del siglo XIX, porque hasta entonces aún existían los antiguos y conocidos mercados de vendedores. La gama de productos era aún muy reducida en comparación con la actual, por lo que el número de clientes potenciales se concentraba en menos productos entre los que había que hacer una selección. Con el avance de la industrialización y la consiguiente producción en masa, el número de productos creció y surgieron los llamados mercados de compradores: un número cada vez mayor de proveedores compite por un número menor de clientes que pueden optar al producto.

¡Es bueno saberlo! En el mercado actual de compradores, ya no se trata de que un cliente compre un producto, sino que el lema es: "Compra mis productos en lugar de los de mi competidor".

OBJETIVOS

¿Por qué deberías conocer y utilizar las medidas de marketing? Sencillamente, como ya has aprendido en el párrafo anterior, los mercados están estructurados de forma muy diferente hoy en día y la competencia es muy alta en la mayoría de los sectores. Así que tienes que llegar a tus clientes potenciales de alguna manera para convencerles de tu producto o servicio.

Pero aquí también tienes que distinguir y definir cuál es exactamente tu objetivo empresarial antes de empezar a desarrollar una estrategia de marketing. ¿Quieres principalmente promocionar tu marca o pasar directamente a la distribución de productos específicos?

Aquí encontrarás un resumen de los objetivos de marca más importantes:

- Generar la imagen de una marca (por construir)
- Aumentar el alcance y la concienciación
- Retener a los clientes mediante la satisfacción y, por tanto, crear fidelidad a la marca
- Aumentar la penetración de los compradores (es decir ¿Cuál es la cuota de compradores de una marca en relación con el total de compradores de un determinado grupo de productos?)
- Aumentar el volumen de compras
- Comunicar la competencia de la marca

En cambio, los objetivos principales del marketing de ventas son los siguientes:

- Consigue más ventas
- Aumentar la facturación y el margen de contribución
- Aumentar la rentabilidad
- Aumentar la cuota de mercado
- Ampliar beneficios
- Aumentar el nivel de precios

- Ampliar el nivel de distribución.

COMBINACIÓN DE MARKETING

El mercado actual ofrece innumerables proveedores de productos y servicios en todo el mundo.

Todos estos productores compiten entre sí y, por tanto, necesitan diferenciar sus productos de los de los demás.

En este contexto, la llamada mezcla de marketing muestra varias posibilidades para realizar dicha diferenciación. La mezcla de marketing de la marca está formada por las clásicas "cuatro P", que resumen todas las áreas de marketing que contribuyen a alcanzar los objetivos.

> - Producto (política de producto)
> - Precio (política de precios)
> - Lugar (política de distribución)
> - Promoción (política de comunicación).

Aquí es especialmente importante que todas las áreas o actividades estén coordinadas entre sí con precisión. También podría decirse que el marketing mix traduce las estrategias abstractas en planes concretos. A continuación, entraremos en más detalles sobre cada uno de los instrumentos:

Producto - Política de productos

El componente más importante de una empresa son los productos o servicios que se van a vender.

Por tanto, este pilar incluye todas las actividades asociadas a este producto. Por tanto, la política de producto tiene una importancia significativa en el marketing mix, porque es el elemento central de toda empresa. Al mismo tiempo, constituye la base de las demás medidas de marketing. En este contexto, es crucial determinar el ciclo de vida del producto y tenerlo en cuenta en la planificación.

Las siguientes cuestiones pueden debatirse en la política de productos:

- ¿Qué productos se van a distribuir en el mercado?
- ¿Qué aspecto tiene el envase?
- ¿Es necesario retirar del mercado un producto existente?

Precio - política de precios

A la hora de planificar el marketing, el precio desempeña un papel importante, lo que, por cierto, ya ocurría mucho antes de que surgiera el concepto de marketing. Por tanto, aquí se trata de considerar cómo quiere la empresa construir su fijación de precios para conseguir una relación precio-rendimiento justa y, al mismo tiempo, generar el mayor beneficio posible. Se abordan cuestiones como

- ¿Qué precio debe tener mi producto?
- ¿Debería haber descuentos?
- ¿Cuáles son las opciones de envío y entrega?

Lugar - Política de distribución

La política de distribución se ocupa de las medidas que abordan la distribución del producto o servicio ofrecido. Entre otras cosas, hay que aclarar lo siguiente:

- ¿Dónde debe venderse el producto?
- ¿En qué momento o en qué plazo?
- ¿Se interponen mayoristas y minoristas o el producto se distribuye directamente al cliente?
- ¿Existen cantidades objetivo en la venta de este producto?

Promoción - Política de comunicación

Se refiere a todos los medios utilizados para vender los productos y dirigirse a los clientes.

Las preguntas elementales son, por ejemplo
- ¿Cómo y dónde debe anunciarse el producto?

- Por ejemplo, ¿se va a exponer en una feria comercial o se va a anunciar en televisión?
- ¿Cómo puede ser una presencia en los medios sociales?

Ahora que se han abordado todas las áreas, nos gustaría aclarar por qué es tan importante una buena mezcla de marketing. La combinación sensata de todas las medidas planificadas garantiza que se pueda dirigir eficazmente a un grupo objetivo definido e, idealmente, vincularlo de forma sostenible a la empresa.

En este contexto, la eficacia de las actividades realizadas depende en gran medida de los objetivos precedentes, por lo que una gran inversión en reflexión y estrategia da sus frutos de antemano. Dado que la combinación de marketing tiene por objeto dirigirse a los clientes, influye directamente en el volumen de negocios y los beneficios de una empresa.

Mercados y participantes en el mercado

INTRODUCCIÓN A LA INVESTIGACIÓN DE MERCADOS

Las decisiones de marketing requieren una amplia gama de información sobre el mercado. Esto implica, por ejemplo, conocimientos sobre los clientes, la competencia y, por supuesto, la propia situación empresarial.

La tarea de la investigación de mercado es, por tanto, la determinación exhaustiva de esta información o, en términos científicos, la exploración sistemática de un submercado definido. Es importante para toda empresa para establecerse con éxito en el mercado. La investigación de mercado es un subcampo de la investigación de marketing, con la diferencia esencial de que esta última se centra predominantemente en la situación de la empresa y, por tanto, no se limita a los mercados.

Las tareas de la investigación de mercado incluyen:

• Identificar información exhaustiva sobre los mercados de venta cruciales

• Asistencia en la selección de las medidas de marketing más adecuadas (función de evaluación)

• Contribuir a la optimización continua de diversas medidas y encontrar las causas de posibles fallos (función de control).

• El reconocimiento de tendencias y desarrollos (función de innovación)

• La determinación de los riesgos (función de alerta rápida)

• Apoyo en la toma de decisiones (función de reducción de la incertidumbre)

• Aumentar la toma de decisiones interna.

Tipos de estudios de mercado
En función de lo que se quiera investigar, se distingue

entre investigación de mercado demoscópica y ecoscópica:

La investigación de mercado demoscópica se encarga de la recopilación de datos relacionados con el objeto de los participantes individuales en el mercado, como la edad, el sexo, el estado civil, los ingresos o la ocupación, mientras que la investigación de **mercado ecoscópica** explora los datos de la industria relacionados con el objeto, como las ventas, las calidades de los productos o los precios. La base de esta última es la naturaleza de los mercados e incluye factores como el número de compradores y proveedores existentes.

En el campo de la investigación de mercado se distingue entre investigación primaria y secundaria. Mientras que en la **investigación primaria** (investigación de campo) los datos se obtienen del contacto directo con los participantes en el mercado, **la investigación secundaria** trabaja con hallazgos ya existentes (investigación documental). Analizaremos brevemente ambos tipos:

Investigación primaria
Se trata de un método empírico de recogida de datos iniciales que puede realizarse una vez o de forma recurrente. Al ser muy elaborado, lo aplican sobre todo grandes grupos o instituciones y utiliza métodos tanto

cualitativos como cuantitativos.

Los métodos cualitativos pueden ser entrevistas, talleres u observaciones, y suelen basarse en un pequeño grupo de personas que, aunque no son representativas del conjunto, ofrecen una visión más profunda de su toma de decisiones.

En cambio, la investigación primaria cuantitativa utiliza grupos más amplios de varios miles de personas que proporcionan su información, por ejemplo, con ayuda de cuestionarios normalizados, y crean así la base para una evaluación estadística.

Los siguientes métodos pueden mencionarse como ejemplos:

- Encuesta (escrita, telefónica, personal, en línea)
- Observación (campo, laboratorio)
- Experimento (campo, laboratorio, almacén)
- Panel de consumidores (documentación del comportamiento de compra, especialmente en el ámbito de los bienes de consumo).

Investigación secundaria

Como se ha mencionado al principio, la investigación secundaria trabaja con datos ya existentes y extrae conclusiones de ellos. El tratamiento y la interpretación de estos datos externos pueden proceder de las siguientes fuentes:

- Bases de datos
- Informes anuales
- Estadísticas oficiales
- Libros y revistas especializadas
- Listas de precios
- Libretas de direcciones
- Internet
- Estudios
- Materiales de marketing del concurso (por ejemplo, catálogos)
- Noticias de la Asociación
- Publicaciones de patentes.

Los objetivos de la investigación secundaria pueden ser de distinta naturaleza. Por ejemplo, puede revelar que es necesaria una investigación primaria para aclarar una cuestión concreta, o los datos obtenidos pueden utilizarse para hacer suposiciones y explicar los problemas con más detalle.

Sin embargo, siempre es de vital importancia que se garantice la relevancia de los datos primarios en relación con la pregunta de investigación y que los datos estén actualizados, sean completos, creíbles y estén libres de influencias subjetivas.

Ventajas e inconvenientes de la investigación primaria y secundaria

Investigación primaria	Investigación secundaria
Ventajas:	*Ventajas:*
• datos auténticos	• La información es relativamente fácil y rápida de obtener
• actual	• más barato
• exclusivo	• Parcialmente sólo una fuente de datos
• Los datos obtenidos están relacionados con una pregunta concreta, son precisos y pertinentes para la decisión que se va a tomar.	• encontrar muchos campos posibles de información en Internet.

Desventajas:	*Desventajas:*
• Requiere mucho tiempo y dinero	• disponibilidad limitada
• elevado gasto de personal	• Parcialmente inespecíficos o demasiado generales
• bueno, se requieren conocimientos propios	• topicalidad limitada
• a menudo sólo es factible con ayuda externa debido al gran esfuerzo que supone.	• nivel de detalle inadecuado
	• no exclusivo, como generalmente accesible
	• poco comparables con diferentes fuentes.

> **Es bueno saberlo**: La información procedente de la investigación secundaria siempre debe comprobarse y utilizarse en primer lugar, porque se consideran datos básicos y facilitan el planteamiento del problema. También contribuyen a la eficacia económica de la investigación de mercado.

Así que, como has visto más arriba, hay muchos aspectos a tener en cuenta con ambos métodos de investigación . Pero, ¿por qué es tan importante la investigación de mercado? Los dos ejemplos siguientes ilustran lo que puede ocurrir si se ignora la situación de los mercados de venta y simplemente no se advierten las tendencias:

Durante mucho tiempo, la mundialmente famosa empresa informática IBM se centró exclusivamente en la producción y venta de mainframes y se dio cuenta demasiado tarde de la evolución del mercado hacia los PC y los ordenadores portátiles. Fue un grave error que supuso enormes oportunidades de beneficios perdidas para la empresa y que podría haberse evitado con un estudio de mercado adecuado.

Un segundo ejemplo es la industria automovilística estadounidense, que durante varias décadas sólo produjo para el mercado nacional y, debido al bajo precio de la gasolina, fabricó casi exclusivamente coches grandes con el correspondiente alto consumo de gasolina.

Esto tenía la desventaja de que estos modelos eran poco aptos para la exportación, lo que luego se convirtió en la perdición de la industria automovilística cuando los precios de la gasolina subieron significativamente en EEUU y los modelos más pequeños y económicos de Japón pudieron venderse mejor. La industria automovilística estadounidense tuvo que renunciar involuntariamente a importantes cuotas de mercado, lo que provocó una crisis que ha dejado huella hasta hoy.

Estos dos ejemplos demuestran claramente que es vital que toda empresa observe y analice constantemente la evolución del mercado y actúe de forma sostenible basándose en los resultados.

DEFINICIONES DE MERCADO

Desde un punto de vista económico, un mercado es el encuentro de la oferta y la demanda o la transferencia de derechos de disposición. Pero, ¿qué se entiende por definición de mercado? Una definición de mercado tiene por objeto determinar el mercado de referencia de una empresa y, en este contexto, determinar si ocupa una posición dominante o incluso si tiene un monopolio. Estas tareas suelen ser asumidas por las autoridades responsables de los cárteles, que delimitan el mercado a considerar en términos de **producto**, **geografía** y **tiempo.**

El productor de plátanos Chiquita puede tomarse como ejemplo de la importancia de las definiciones de mercado: Si se supone que la empresa distribuye "fruta", el cálculo correspondiente da como resultado una cuota de mercado de sólo un 5% aproximadamente. Sin embargo, suponiendo la producción pura de plátanos, esta cuota se eleva a cerca del 50 por ciento, lo que sugiere un elevado poder de mercado. En tal caso, debe llevarse a cabo una estrecha vigilancia para, en caso necesario, intervenir directamente. En la práctica, sin embargo, es más probable que se delimite aquí todo el mercado de la fruta, ya que cabe suponer que un fuerte aumento de los precios desviaría la demanda de plátanos de los clientes hacia otros tipos de fruta. Así pues, el cumplimiento de determinadas características de un producto también desempeña un papel importante.

A continuación se explican brevemente los distintos tipos de definición del mercado:

Definición fáctica del mercado

La definición fáctica del mercado es el núcleo de la determinación del mercado y averigua qué productos y servicios ofrece el mercado de referencia en el momento actual. También se denomina concepto de mercado de demanda. El mercado de oferta considerado incluye todos los productos y servicios que son sustituibles con respecto a las necesidades del consumidor en términos de función, características y precio. Sin embargo, no hay que subestimar aquí los hábitos de los clientes: Las maquinillas de afeitar en seco y en húmedo, por ejemplo, son sustituibles entre sí, pero una vez que el cliente se ha acostumbrado a un determinado tipo de afeitado y está satisfecho con él, es bastante improbable que cambie.

Sin embargo, los productores también desempeñan un papel importante en el tema de la delimitación del mercado y el posible dominio del mismo. Un productor siempre puede adaptar los productos y servicios que ofrece en función de las necesidades de los clientes. Sin embargo, a menudo se necesita más información para hacer una delimitación fáctica del mercado, por lo que se han introducido diversas pruebas. Por ejemplo, una prueba SSNIP puede comprobar las consecuencias de un pequeño aumento de precios en el comportamiento de compra que se aplica durante un periodo de tiempo más largo. Así se determina si la clientela cambiaría posiblemente a otro producto similar.

Definición espacial del mercado
Aquí intervienen tanto la intercambiabilidad funcional como los criterios de producción. Un buen ejemplo de lo primero es la producción de bolsas aspiradoras para los productos de las marcas más conocidas. En este caso, el comercio minorista puede cubrir la demanda existente con productores de distintos países europeos (criterio funcional). Para las características relacionadas con la producción, puede servir el ejemplo de los

conductores de automóviles que quieren matricular su vehículo en la oficina de tráfico responsable. Éstos suelen depender de las empresas de rotulación que se encuentran en las inmediaciones.

Definición del mercado en el tiempo

Como distinción final, algo subordinada para la definición del mercado, está la variante temporal. Así, un mercado navideño que tenga lugar en diciembre puede ser un mercado de referencia en el que la situación competitiva no cambie, ya que el mayor número de empresas sólo estará activo en ese periodo de tiempo. En consecuencia, no es necesario dividir la situación competitiva en distintos periodos temporales.

Definición del mercado frente a segmentación del mercado

Segmentar un mercado significa primero captarlo y luego dividirlo.

La segmentación del mercado divide el mercado global y examina otros factores con los instrumentos de marketing adecuados. Las posibles segmentaciones son, por ejemplo, los productos o los clientes, pudiéndose hacer otras distinciones dentro de estos criterios (para los clientes, por ejemplo, según la edad, el sexo o la profesión). En el caso de la segmentación por productos, por ejemplo, se puede hacer una categorización con ayuda de los datos de los estados financieros anuales. La creación de ventajas competitivas y la evitación de efectos de sustitución son algunos de los objetivos más importantes de la segmentación del mercado. En el proceso de segmentación, la empresa puede volver a identificarse con precisión y crear una demarcación del mercado global a considerar. Además, aquí deben determinarse los submercados y descubrirse las posibles lagunas del mercado.

Marketing Desarrollar estrategias y planes

ANÁLISIS DE LA SITUACIÓN INICIAL

Antes de planificar y crear una estrategia de marketing, hay que realizar un análisis detallado de la situación actual. Los objetivos más importantes aquí son determinar las condiciones y los cambios, pero también reconocer las oportunidades y los riesgos. Para una empresa que quiera operar con éxito en el mercado, es esencial estar bien informada sobre las condiciones actuales del mercado, así como sobre la situación económica general.

La percepción oportuna de los cambios también es de vital importancia para poder reaccionar con rapidez y aprovechar las oportunidades emergentes y evitar los riesgos.

La línea de base estratégica suele llevarse a cabo en las dos grandes áreas siguientes:

• Análisis del entorno (situación del mercado, necesidades de los clientes)

• Análisis de la situación de la empresa.

Medio ambiente

El análisis de los factores globales, es decir, el macroentorno, incluye el análisis de la evolución actual y futura en los ámbitos de la economía global, la política, la sociedad, la tecnología y el derecho.

El uso cada vez mayor de teléfonos inteligentes, por ejemplo, es una tendencia de especial importancia para muchos sectores y debe seguirse de cerca. Al fin y al cabo, la evolución tecnológica y social puede ser de gran importancia para muchas empresas, ya que en ella surgen muchas oportunidades. Sin embargo, esto requiere que la empresa vigile el mercado para que no surjan desventajas competitivas.

Por ejemplo, el gran fabricante de electrónica Siemens se perdió en su momento el desarrollo de cámaras, pantallas en color y táctiles, no pudo competir en este mercado a partir de entonces y tuvo que venderlo.

Situación del mercado

Como sugiere el término técnico, el análisis de la situación del mercado es mucho más específico del mercado de referencia. Las características básicas de este mercado, como el crecimiento del mercado, son esenciales en este contexto. Pero también son significativos los posibles cambios en las necesidades de los clientes y su comportamiento, porque se examinan todos los clientes del mercado relevante, no sólo los existentes. Por último, es importante mencionar a los competidores, porque es crucial saber quiénes son exactamente y cuáles son sus objetivos y estrategias.

Una herramienta popular para el análisis del mercado es el análisis de la estructura industrial de Porter, que analiza el atractivo de una industria mediante 5 fuerzas competitivas y proporciona información sobre las características estructurales de una industria concreta.

El análisis de la competencia también es importante. Aquí se determinan los puntos fuertes y débiles de los competidores directos e indirectos en comparación con la propia empresa. El objetivo es definir las ventajas competitivas.

Otras formas de analizar la actividad del sector incluyen una evaluación del tamaño del mercado, sus oportunidades de crecimiento y la fase actual del ciclo de vida de la industria. El entorno más amplio puede examinarse más de cerca con el llamado análisis STEP. El análisis STEP describe la evolución actual del entorno macroeconómico mediante 4 dimensiones:

- Influencias socioculturales
- Influencias económicas
- Influencias tecnológicas
- Influencias político-normativas.

Necesidades del cliente

Además de la evolución del entorno en general y de la estructura de la industria, es muy importante centrarse en las tendencias de la propia industria. Hay que identificar los requisitos del mercado y debatir las necesidades de los clientes. Sin clientes, una empresa no puede continuar, por lo que es esencial centrarse en el lado de la demanda y construir la propia empresa "centrada en el cliente".

Con el llamado modelo de fases vitales, se pueden derivar y examinar áreas iniciales de clientes con necesidades iguales o similares. Éste es un paso esencial en el camino hacia la comprensión de las expectativas y deseos de los clientes, y ayuda a poder actuar "centrados en el cliente".

Por tanto, la orientación al cliente también es muy importante para la estrategia de la empresa. En el proceso estratégico posterior, comprender las necesidades de los clientes también puede ser muy importante, por ejemplo, si tiene sentido orientar aún más la estructura organizativa hacia el cliente como parte de la aplicación de la estrategia.

Modelo de las fases de la vida

Infancia→ Educación→ Iniciar una carrera profesional → Formar una familia→ Establecerse en la profesión→ Consolidarse en la profesión→ Edad de jubilación→ Fallecimiento

Un medio adecuado para consolidar los resultados más importantes del análisis del entorno es el perfil de oportunidades/amenazas. En el curso posterior, éstos pueden evaluarse más a fondo, por ejemplo en un análisis DAFO junto con los resultados del análisis empresarial.

Una imagen de futuro es una forma excelente de resumir las tendencias clave del mercado. Muestra hacia dónde es probable que se dirija el mercado de ventas en un horizonte temporal definido (por ejemplo, 3 u 8 años). Incluye afirmaciones centrales de las respectivas áreas de desarrollo (por ejemplo, salud o digitalización) y proporciona un resumen conciso y plausible de la fase de análisis. Esta imagen del futuro establece ahora el marco para el siguiente proceso estratégico.

Caso práctico: Preparación de una imagen de futuro con tendencias para el mercado sanitario suizo

Una gran empresa de seguros se ha encargado de desarrollar un proceso de estrategia. Como parte del análisis de la situación inicial, se elaboró una imagen de futuro. Ya había algunos fragmentos del análisis del entorno, que procedían tanto de fuentes internas como externas.

Lo primero que había que hacer era reunirlos. Los siguientes factores desempeñaron un papel en nuestro ejemplo del mercado sanitario en Suiza:

- atención sanitaria personalizada
- especialización creciente
- Necesidades de los clientes
- Digitalización
- mayor regulación.

En el segundo paso, había que encontrar y completar los componentes que faltaban, para lo que se inició un taller. En él, los elementos de la visión de futuro fueron debatidos y adaptados por el equipo de estrategia.

Con la imagen del futuro ya completa, todos los participantes se pusieron de acuerdo sobre qué tendencias y cambios del mercado serían importantes para la aseguradora. Para todos los pasos posteriores del desarrollo de la estrategia, ahora es esencial centrarse en los acontecimientos más importantes, puesto que la imagen del futuro ya proporciona una documentación detallada de la evolución del entorno empresarial.

Por último, se derivaron 10 requisitos estratégicos previos de la imagen del futuro, que a su vez mostraban las necesidades de actuación a las que se enfrentará la empresa en los próximos años. Además, se hicieron suposiciones sobre el futuro modelo empresarial:

Mercado de ventas: El mercado sanitario está muy influido por la consolidación en el sector hospitalario y por las nuevas ofertas e ideas de negocio en el sector ambulatorio.

Necesidades de los clientes: Las demandas y deseos de los clientes difieren según su etapa de la vida, su pertenencia a un grupo y otros factores.

Medio ambiente: La creciente conciencia medioambiental hace que las soluciones de productos sostenibles y respetuosos con el medio ambiente sean cada vez más populares en prácticamente todas las industrias.

Situación de la empresa

Este análisis interno de la empresa tiene lugar en el segundo paso del análisis inicial. A diferencia del análisis del entorno, aquí se examinan y evalúan detenidamente las características internas de la empresa. El objetivo es identificar los puntos fuertes y débiles. La aplicación de diversos métodos, como la consideración de los ciclos de vida de los productos, el análisis DAFO o la evaluación comparativa, también es esencial aquí para una evaluación realista.

Análisis de competencias y recursos

Una evaluación de las competencias o capacidades empresariales revela dónde se encuentran los respectivos puntos fuertes y débiles. Siempre está relacionada con la función y debe mostrar exactamente las capacidades que tienen una importancia central para el modelo empresarial respectivo.

El análisis de los recursos, en cambio, no está relacionado con la función y se basa en las 4 características siguientes:

• No limitabilidad

• No sustituibilidad

• Especificidad de la empresa

• Capacidad para ofrecer valor al cliente.

Aquí es especialmente importante definir las llamadas competencias básicas, ya que las competencias y los recursos estratégicamente relevantes desempeñan un papel central para una empresa. Las competencias básicas crean las siguientes bases

• Contribuyen significativamente al beneficio del cliente.

• Son individuales y difíciles de imitar.

• Pueden transferirse a nuevos mercados de venta y productos.

Análisis de la competitividad propia

Volvamos ahora al análisis del entorno. Aquí ya hemos analizado la situación del mercado con el entorno competitivo. Ahora -en el marco del análisis de la empresa- es el momento de examinar detenidamente tu propia competitividad comparando tus propios puntos fuertes y débiles con los de las empresas competidoras . Las siguientes preguntas pueden ayudarte en este sentido:

• ¿Mi organización tiene puntos fuertes que pueden ser barreras de entrada o puntos débiles que reducen la eficacia de estas barreras?

• ¿Qué puntos fuertes y débiles influyen en mi posición negociadora con clientes y proveedores?

• ¿Cuáles son los puntos fuertes y débiles del tamaño de mi empresa en comparación con la competencia?

Análisis del ciclo de vida del producto

Hay dos formas de considerar el ciclo de vida del producto en el análisis estratégico empresarial:

• Política de productos y programas

• Exigencias a las áreas funcionales.

El análisis del ciclo de vida del producto sirve para determinar y discutir la composición y estructura óptimas del surtido.

Las distintas fases del ciclo de vida del producto requieren diferentes composiciones en las áreas funcionales. Así, este concepto nos proporciona varias pistas para las cuestiones específicas de cada fase en torno a la introducción, el crecimiento, la madurez, la saturación y el posible desarrollo posterior de un producto.

Análisis de la estructura empresarial

La revisión de la estructura empresarial también es un punto esencial. Dependiendo de la estrategia o estrategias que se determinen en el proceso estratégico posterior, las modificaciones de la estructura organizativa pueden llegar a ser importantes. Por tanto, las ventajas, desventajas y puntos débiles de la estructura actual deben considerarse ya en la fase de análisis.

Análisis de la cultura de la empresa

Este análisis revela los valores esenciales que subyacen al comportamiento de la empresa y de sus empleados, y responde a preguntas que serán esenciales más adelante en el proceso estratégico (por ejemplo, si una opción estratégica puede ser compatible con la cultura organizativa).

Todos los resultados del análisis de la empresa se incluyen en el denominado perfil de puntos fuertes y débiles, por lo que deben examinarse con más detalle como parte de un análisis DAFO, junto con los resultados del análisis del entorno.

El análisis de la empresa y los resultados del análisis del entorno constituyen ahora la base para otras consideraciones estratégicas.

SELECCIÓN DE ESTRATEGIAS ADECUADAS

A partir del análisis de la situación inicial, ahora es posible responder a las siguientes preguntas clave:

> - **¿Qué? es** decir ¿Qué objetivos estratégicos se persiguen?
> - **¿Con quién?** ¿Quién o quiénes son mis destinatarios?
> - **¿Hasta cuándo?**

En detalle, estas preguntas pueden formularse como sigue:

• ¿Cuáles son las prioridades con respecto a las distintas áreas del mercado? Especialmente con un presupuesto elevado, tiene sentido analizar detenidamente en qué subáreas quieres centrarte.

• ¿Qué proporción de los recursos de marketing existentes debe asignarse a los clientes actuales y cuál a los nuevos?

• ¿Qué objetivos deben alcanzarse y cuándo? Aquí intervienen criterios como la imagen corporativa, la satisfacción del cliente o los servicios ofrecidos.

• ¿Qué plazos deben fijarse para alcanzar los objetivos relacionados con el éxito en el mercado (por ejemplo, el número de clientes o la frecuencia media de compra)?

• ¿Qué objetivos económicos de marketing son importantes para nosotros y deben realizarse (facturación y beneficios)?

Estas preguntas estratégicas básicas sobre el posicionamiento de la empresa en el entorno competitivo y sobre los beneficios para el cliente pueden plantearse durante el proceso de selección de la estrategia:

- **¿Qué beneficio puede ofrecer nuestra empresa a quienes lo demandan?** Aquí hay que distinguir entre la prestación básica y la prestación adicional: El beneficio básico contiene el aspecto central de rendimiento que se espera, por ejemplo, la función de transporte de un coche. El beneficio adicional es complementario y especialmente importante en el ámbito de los productos competidores similares. Aquí, los anunciantes suelen intentar crear un beneficio psicológico adicional y hacer que el producto parezca deseable, por ejemplo, el aspecto especialmente bueno del coche o la ganancia de prestigio esperada.

  Otros tipos de beneficios son, por ejemplo, beneficios económicos (precio favorable, ayuda al ahorro), beneficios relacionados con el proceso (adquisición y uso sencillos, fácil comprensión, manejo sencillo, sin tiempos de espera, etc.), beneficios emocionales/sociales (tendencias, promesas, conocimiento del sector, etc.).

- **¿Qué ventajas sobre la competencia persigue nuestra organización?**

  Esta pregunta es esencial para la consecución de una estrategia competitiva.

  Forma parte de la estrategia de marketing y se ocupa

del comportamiento estratégico relacionado con el cliente en el mercado de ventas. Las estrategias competitivas más perseguidas son el liderazgo en costes (es decir, los precios más bajos del sector), la diferenciación (por ejemplo, muy buenas relaciones con los clientes, mejores productos, etc.) y la estrategia de nicho (especialización en un nicho en el que no hay competencia.) En resumen, la organización destaca por una actuación especial) y la estrategia de nicho (especialización en un nicho en el que sólo hay un número relativamente pequeño de clientes, pero que suele ser bastante exigente, es el camino que sigue, por ejemplo, el fabricante de coches deportivos Porsche).

Cuestiones estratégicas para la orientación a la innovación

¿Qué nivel de orientación a la innovación queremos alcanzar en nuestra organización? Para ello existen los siguientes tipos de estrategia:

• **Defensor: La** orientación a la innovación es baja, esto suele ocurrir con las estrategias de nicho.

• **Analizador:** La orientación a la innovación es media y la disposición a asumir riesgos no es especialmente alta. Por otra parte, se analizan cuidadosamente las oportunidades de éxito.

• **Prospector:** La orientación a la innovación es alta. Hay una búsqueda continua y activa de nuevas oportunidades. La disposición a asumir riesgos asociada es alta.

¿En qué medida deben establecerse puntos focales para el desarrollo de nuevos productos y la apertura de nuevos mercados? Existen 4 tipos de estrategia para ello:

• **Penetración en el mercado:** El grado de innovación es bajo. La organización se centra en productos existentes en mercados desarrollados. No obstante, sigue existiendo la posibilidad de innovar.

• **Desarrollo de productos:** Nuevo desarrollo, revisión o perfeccionamiento de los productos ofrecidos en mercados ya existentes. La adición de servicios a los productos (prestaciones adicionales) también debe considerarse parte de esto. Así, la gama actual de servicios puede ampliarse (ampliación de la gama de productos) o incluso sustituirse (sustitución de productos).

• **Desarrollo del mercado: Los** productos existentes deben distribuirse en un nuevo mercado de ventas. Puede tratarse de zonas geográficas, otros canales de distribución o nuevos grupos objetivo.

• **Diversificación:** Aquí el grado de innovación es máximo, es decir, se ofrecen productos de nuevo desarrollo en mercados a los que no se había llegado antes.

Cuestiones de estrategia para la gestión de las relaciones con los clientes

¿Cómo puede la empresa garantizar la fidelidad de sus clientes? Hay que hacer una distinción:

• **Vínculos contractuales:** El cliente está vinculado a la empresa por un contrato. Suele tener lugar por un periodo de tiempo determinado o sobre la base de especificaciones cuantitativas.

• **Vínculo técnico-funcional:** Un determinado producto sólo puede utilizarse con otro producto de la empresa en cuestión (por ejemplo, Nespresso sólo puede hacerse con la cafetera diseñada para ello).

• **Apego psicológico:** Incluye factores como la satisfacción del cliente, ciertos hábitos o la fidelidad a una marca (por ejemplo, la familia siempre ha conducido un VW). El vínculo psicológico de un cliente puede reforzarse o fomentarse con las siguientes medidas: un servicio de atención al cliente bueno y rápido, una gestión complaciente de las reclamaciones, ofertas especiales individuales, programas de bonificación, descuentos por cantidad y fidelidad, etc.

• **Compromiso económico:** Puede ser, por ejemplo, una recompensa ofrecida al cliente o el hecho de que cambiar sería antieconómico para el demandante. Un buen ejemplo es la tarifa plana mensual en los gimnasios.

¿Cómo se puede apoyar la compra de grandes cantidades o evitar la compra de pequeñas cantidades? Una posibilidad es el uso de recargos por pequeñas cantidades, es decir, para los pedidos pequeños el recargo debe fijarse de forma que cubra los costes de material y garantice también un beneficio mínimo.

**Cuestiones estratégicas sobre el comportami-
ento competitivo y cooperativo:**

• **Comportamiento competitivo amenazador: En
la política de** precios, esto incluye, por ejemplo, una
política de precios bajos com prometida y muy publici-
tada. En la política de comunicación, el elevado gasto
en publicidad conduce a un gran alcance y, por tanto,
a un gran número de clientes. Esto representa una gran
barrera de entrada al mercado. En la política de distribución, un fuerte control de los canales de venta se
considera un comportamiento competitivo amenazador. En la política de productos, una gran cartera de
productos supone un mayor esfuerzo para los imitado-
res. Por último, pero no por ello menos importante,
debe abordarse la gestión de las relaciones con los clientes: Aquí, la existencia de un nivel muy alto de fidelidad puede ser un factor disuasorio para los competidores.

• **Comportamiento cooperativo:** Por ejemplo, una
empresa puede crear junto con un competidor deter-
minados huecos de entrada en el mercado para otros
competidores. Otra posibilidad es crear un acceso
mutuo a los conocimientos técnicos y a otros recursos
(informes de experiencia, opciones publicitarias,

relaciones).

• Las sinergias de ventas también forman parte del comportamiento cooperativo, que incluye, por ejemplo, la intermediación con comisión o la llamada venta cruzada (es decir, aprovechar una relación existente con un cliente para vender productos o servicios complementarios). Estos tipos de cooperación con empresas competidoras pueden ser muy ventajosos, sobre todo si el presupuesto es reducido.

Preguntas estratégicas sobre la estructura básica del marketing mix:

• ¿Hasta qué punto deben diferenciarse los segmentos de clientes individuales en el procesamiento?

• ¿El tratamiento de los clientes debe ser normalizado o específico para cada segmento?

• ¿Qué posicionamiento de precios (precio bajo, precio medio, posición de precio alto) debe adoptarse? Las empresas que quieren entrar en un nuevo mercado suelen aspirar temporalmente a una relación precio-rendimiento extraordinariamente favorable.

• ¿A cuánto debe ascender el presupuesto de marketing y cómo debe distribuirse entre los distintos instrumentos de marketing?

Para resumir las consideraciones sobre la estrategia, la estrategia elegida debe cumplir siempre los 4 criterios siguientes:

• Es esencial que la estrategia de marketing sea compatible con la estrategia corporativa y que no surjan contradicciones entre las medidas y los objetivos.

• La estrategia necesita información suficiente como base.

• El contenido de la estrategia de marketing debe ser preciso y adecuado.

• La viabilidad debe ser realista en relación con los medios disponibles y las contrarreacciones imaginables de la competencia.

Ejemplo práctico

El siguiente ejemplo muestra cómo podría ser en la práctica el desarrollo de una estrategia de marketing holística y de éxito:

Una empresa de reciente creación vende ropa para actividades al aire libre y de ocio según su propio diseño. La empresa vende tanto en tiendas de una pequeña ciudad como a través de su tienda online. Las ventas se realizan tanto en tiendas de una pequeña ciudad como a través de la tienda online de la empresa. La creación de una estrategia de marketing podría tener ahora este aspecto:

Análisis DAFO de la situación inicial

• No hay tiendas cercanas que tengan productos similares en su surtido (= oportunidad).

• Hay mucha competencia (= riesgo) en el comercio online.

• Un punto a favor individual es el diseño propio (= fuerza).

• Aún no hay clientela (= debilidad).

Objetivo

• Hay que crear una base de clientes tanto en el comercio fijo como en el online (el número de clientes debe definirse como valores objetivo).

• La marca debe estar establecida.

• Hay que planificar el volumen de negocio del primer año empresarial.

Toma de decisiones para las distintas medidas

• Hay que desarrollar un diseño corporativo (definición de los colores corporativos, desarrollo de un logotipo, definición de la imaginería, etc.).

• Habrá una campaña de vales para la nueva apertura (tanto online como mediante folletos distribuidos por toda la región).

• Se va a patrocinar un acontecimiento deportivo en la ciudad.

• Se va a lanzar un blog sobre el tema de las actividades al aire libre. Los textos utilizados se prepararán de acuerdo con el SEO y se incluirá un enlace al registro en el boletín informativo como parte del marketing por correo electrónico.

• Hay que crear una comunidad en las plataformas de las redes sociales (Facebook, Instagram, etc.).

• Se están planificando cooperaciones de afiliación en el sector de las actividades al aire libre.

Medir el éxito

• La evolución del número de clientes debe controlarse continuamente, también en relación con las estrategias de marketing individuales.

• Ambos canales de venta necesitan una supervisión constante (online y offline).

• En el contexto del control de costes, habría que debatir qué estrategias de marketing son rentables y cuáles no.

CONSEJOS PARA UNA ESTRATEGIA DE MARKETING EFICAZ

Por supuesto, una elección acertada y la vinculación de varias subestrategias son importantes para el éxito del marketing en la empresa. Sin embargo, hay otros aspectos que también intervienen. Así que presta especial atención a estos puntos:

Ten siempre presente a tu grupo objetivo

Piensa en la mejor estrategia de marketing para llegar a tus clientes. Por ejemplo, una clientela heterogénea en un mercado altamente competitivo puede abordarse mejor mediante marketing de guerrilla o de eventos. En cambio, las distintas medidas de marketing online son más adecuadas para grupos objetivo muy inclinados hacia Internet y las compras online.

Piensa en tu medición del rendimiento

Sólo puedes medir el éxito de una estrategia de marketing mediante un control recurrente del éxito. Sólo entonces se verá si las medidas aplicadas han merecido la pena o si sería mejor invertir en otros métodos. Una ventaja del marketing online es que la medición del éxito puede apoyarse aquí en herramientas adecuadas.

Combina estrategias online y offline

Un buen complemento de estrategias de marketing online y offline puede dar buenos resultados. Por ejemplo, si se celebra una jornada de puertas abiertas, hay que compartirlo en las redes sociales. Así se combina el marketing de eventos con el marketing en redes sociales.

Utiliza un sistema CRM

CRM son las siglas de Customer Relationship Management (Gestión de las Relaciones con los Clientes) y es un software para gestionar y mapear la gestión de los clientes. Ayuda a las empresas a hacer un seguimiento de sus relaciones con los clientes y allana el camino para mejorar el servicio y las estrategias de marketing individualizadas.

Incluir los recursos existentes

Cada estrategia de marketing tiene unos costes diferentes. Por tanto, al planificar, ten en cuenta los recursos de que ya dispones y cómo pueden utilizarse de forma eficaz y rentable.

Revisa tu estrategia regularmente y ajústala si es necesario

Las empresas y los mercados de venta están sujetos a un desarrollo constante. Por lo tanto, es importante

revisar periódicamente la estrategia de marketing apli-
cada y hacer los ajustes necesarios.

¡Importante! Una estrategia de marketing sólo atraerá a tu clientela si puede ofrecer un valor añadido. Puede tratarse de diferentes cosas, como información, entretenimiento o un sentimiento de comunidad.

Fideliza a tus clientes

FUNDAMENTOS DE LA CREACIÓN DE MARCAS

Desafiante y emocionante al mismo tiempo: ésta es probablemente la mejor forma de describir el tema de la creación de marcas en el contexto de la gestión de marcas. El reto no es pequeño, pero con una estructura básica bien estudiada, unos procesos óptimos, la disponibilidad de los recursos necesarios y la consideración de procedimientos y factores de éxito probados, las empresas de cualquier tamaño pueden conseguir el éxito en la creación de marcas.

¿Qué se entiende por construcción de marca?

La construcción de una marca se compone de la planificación, organización, ejecución y control de todas las medidas relevantes de una empresa con el objetivo de crear una imagen emocional claramente diferenciada del cliente asociada a una empresa o producto.

Construir una marca no es lo mismo que hacer publicidad o distribuirla. Construir una marca es mucho más que hacer publicidad o distribuirla. En cuanto a esto último, hay que mencionar incluso que muchas marcas ya han sido destruidas por el personal de ventas o los directores de ventas, porque demasiados descuentos o reducciones de precio significan la muerte para una marca establecida y probada desde hace mucho tiempo. Por supuesto, una marca también necesita medios, multiplicadores y una comunicación estructurada con el cliente, pero especialmente en el sector B2B, la publicidad está lejos de serlo todo.

Visión, compromiso, implementación: tres características centrales de la creación de una marca. Se necesita una visión clara para desarrollar una marca. Sólo entonces se puede arrastrar a los empleados y utilizar las herramientas adecuadas. Por eso, también es esencial anclar el pensamiento de marca en la dirección, porque es ahí donde nacen las visiones y las estrategias. A continuación, hay que dirigirse a los empleados para que apoyen esta visión de marca y puedan construir un compromiso en conjunto. En el tercer paso, se pueden seleccionar los canales de comunicación y distribución adecuados para seguir construyendo y estableciendo la marca.

¿Por qué es tan importante construir una marca?

Las marcas tienen una ventaja fundamental, tanto para sus propietarios como para las empresas: Como **herramienta de comunicación, son** importantes para el funcionamiento eficaz de una empresa, tanto para el marketing interno como para el externo.

Las marcas son un **motor de rentabilidad**: Diversos estudios científicos demuestran que el valor de la marca (reputación) conseguido a través de la comunicación de masas influye de forma especialmente positiva en la rentabilidad de las empresas estudiadas.

Como conclusión, puede afirmarse que el valor de la empresa puede aumentar con la ayuda de una marca.

Pero las marcas también crean **identidad**. Se adaptan y tienen una función creadora de identidad para los clientes o los grupos sociales. Con la ayuda de la marca, los clientes pueden diferenciarse o demostrar un sentimiento de pertenencia mediante el uso de la marca. Se trata de una función social que puede lograrse mediante la emocionalización de una marca.

Las marcas contribuyen a la identificación. En los mercados altamente competitivos, donde la gente suele sentirse abrumada por la variedad de productos que se ofrecen, pueden ser un faro y proporcionar orientación. La marca ofrece un valor de reconocimiento, genera confianza y facilita así la decisión de compra del cliente. Este principio se aplica tanto al marketing empresarial (B2B) como al marketing de consumo (B2C).

Las marcas prometen calidad. Una marca siempre contiene una declaración verbal o no verbal sobre la calidad del producto. Por esta razón, es enormemente importante debatir la concepción que tiene la empresa de la calidad antes de construir la marca. ¿Qué promesas queremos hacer con nuestra marca? ¿Qué expectativas de los clientes deben cumplirse con nuestros productos y servicios y cuáles no?

Las marcas son bases de innovación. Es mucho más fácil para las marcas fuertes y establecidas introducir innovaciones en el mercado. Las marcas ya existentes tienen la ventaja del beneficio de la duda y del panorama de innovación existente. Como resultado, las innovaciones de producto pueden introducirse con mucho menos esfuerzo y encontrarse con una situación de mercado preparada.

Las marcas anclan la fidelidad de los clientes

Las marcas ofrecen oportunidades para vincular a los clientes a una empresa a largo plazo. Los clientes que una vez han encontrado el camino hacia una marca se quedan para satisfacerla son rentables para la organización y aseguran el modelo empresarial. Esto aumenta el valor del cliente y, a largo plazo, el valor de la empresa. Aunque a veces son necesarias grandes inversiones al principio cuando se construye una marca, éstas se amortizan si la marca se gestiona correctamente, de modo que los beneficios de la marca superan con creces las inversiones originales.

Las marcas significan poder de negociación

En las negociaciones, las marcas fuertes pueden conseguir ventajas competitivas y proporcionar ingresos adicionales.

¿Cuándo es el momento adecuado para empezar a crear una marca?

Una marca no se construye sobre la marcha. El hecho de que necesita un concepto bien pensado y una aplicación sensata ya se ha explicado en detalle. Sin embargo, hay tres puntos de partida diferentes para determinar cuándo es el momento adecuado:

Start-ups: Por supuesto, es lógico que, como start-up, tengas que pensar en cómo quieres construir tus marcas. Pero, ¿es realmente así? Especialmente en la fase de puesta en marcha, la variedad de tareas, la incertidumbre general al principio, la situación de las ventas y la presión financiera pueden ser demasiado. A menudo, las cuestiones sobre la gestión de la marca pasan a un segundo plano. Sin embargo, conviene aclarar cuestiones importantes, sobre todo en esta delicada fase inicial:

- ¿Qué debe representar nuestra marca?
- ¿Qué prestaciones y beneficios prometemos?
- ¿Qué grupo objetivo te interesa?
- ¿Cuál es nuestro valor de reconocimiento?

Es aconsejable obtener apoyo externo para ello. Aunque el margen financiero sea limitado en la fase inicial, un consultor de marca puede proporcionar una ayuda muy buena en este proceso y acortar así la curva de aprendizaje.

Lanzamiento del producto
En la gestión de productos, a menudo existe el deseo de que un producto destaque y se especifique en el

contexto general de la empresa. En este contexto, tiene especial sentido pensar en el perfil de una marca cuando se introducen innovaciones de productos que están en el límite de la curva de rendimiento. En la era de la transformación digital, muchas empresas cambian de dirección y se aventuran en nuevas áreas de negocio y mercados de venta. En su caso, la creación de una marca puede proporcionar acceso a nuevos clientes potenciales, más contactos o nuevas áreas de negocio. La decisión de lanzar sólo un nuevo producto o una marca entera no es fácil. Las alternativas que se planteen deben explorarse con ayuda externa, pues a menudo sólo un socio profesional externo tiene la distancia necesaria para poder evaluar racionalmente una decisión tan elemental.

De fabricante de productos a empresa de marcas

Especialmente en el sector B2B, la evolución de un puro fabricante de productos a una empresa orientada a las ventas y, más tarde, a una empresa de marca, suele producirse al cabo de cierto tiempo. Especialmente en tiempos de digitalización, muchas empresas tienen que pensar en cómo diferenciarse de la competencia y alejarse de la pura consideración de productos.

Así, la transformación en una empresa de marca puede ser un elemento diferenciador y abrir nuevas oportunidades. En ese caso, el centro de atención no es sólo la fabricación y el producto resultante, sino el interés de los clientes. Considera la posibilidad de adoptar la perspectiva del cliente como enfoque de la solución. Esto, combinado con posicionarse como experto en el campo correspondiente, ofrece grandes oportunidades de crecimiento y mejores oportunidades de ingresos que centrarse puramente en el producto. Las empresas B2B deben buscar apoyo externo en esta transformación para aprender a ver límites en la práctica y nuevas formas de pensar.

¿CUÁLES SON LOS PASOS MÁS IMPORTANTES EN LA CONSTRUCCIÓN DE MARCAS?

Para garantizar la estructuración de la marca, debe aplicarse el siguiente procedimiento:

Análisis del posicionamiento actual de la marca
Un paso fundamental en el proceso de construcción de una marca es la evaluación y el análisis de su posicionamiento en el mercado. Siempre existe un sentimiento o percepción en la empresa y entre los

empleados sobre la posición de la marca.

Sin embargo, esta autopercepción puede diferir de la percepción externa de una empresa, porque áreas como administración, ventas, marketing y producción suelen tener visiones muy distintas de la posición de la empresa y de su propia marca. Por desgracia, en la práctica no existen estudios ni informes bien fundamentados sobre la percepción externa. Muchas empresas del sector B2B carecen de un enfoque fiable centrado en el cliente y, por tanto, de información sobre su posicionamiento actual en el mercado.

Análisis del mercado de ventas y de la situación competitiva

¿En qué mercado estamos operando realmente? ¿Quién es mi competencia? ¿Qué enfoque adoptarán los clientes con los productos y soluciones en el futuro? Dado que la visión externa es una circunstancia difícil, sobre todo en un contexto internacional, merece la pena consultar a un socio externo o a una empresa de consultoría para que se garantice una visión objetiva. Sobre todo, las cuestiones sobre la posición competitiva relevante y los requisitos de los clientes deben abordarse con un análisis de mercado. Por supuesto, también es posible basarse en los resultados del análisis de mercado realizado como parte del desarrollo de una estrategia de marketing, siempre que estén próximos en el tiempo.

Análisis de las estructuras de los clientes

La identificación precisa de las estructuras de clientes potenciales es un paso igualmente significativo en la construcción de una marca. Está en el poder de una marca llegar al grupo objetivo pertinente, generar interacción en él y, en última instancia, impulsar las ventas con él. Dentro de esta base de clientes, las marcas ayudan a identificar un perfil, diferenciarse y encontrar su posición ante los clientes.

Por supuesto, no todas las marcas están hechas para todos. Por tanto, tiene sentido utilizar los conocimientos de los clientes para acercarse a ellos y ver cuáles son sus deseos y necesidades en relación con el área de productos y el entorno de la marca. Sin estos conocimientos de los clientes, básicamente no es posible construir una marca eficaz.

Construir el posicionamiento de la marca

A partir del análisis de la estructura del mercado y de los clientes, ha llegado el momento de desarrollar el posicionamiento de la marca. Éste debe establecer cómo debe actuar la empresa o la marca en el entorno de los clientes, la competencia y los distintos requisitos de rendimiento en el presente y en el futuro. El posicionamiento de la marca debe generar valor añadido para la empresa y sus clientes.

Marco jurídico

Al crear una marca de forma sensata e impecable, también hay que asegurarse de que está protegida jurídicamente de forma óptima. Existen distintos enfoques: Una marca puede protegerse como marca denominativa o como marca denominativa-imagen.

La protección de marca denominativa es la mayor posible porque protege cualquier ortografía, fuente, tamaño de fuente, mayúsculas o minúsculas. Sin embargo, a menudo, por desgracia, no es posible obtener la protección de marca denominativa. Esto ocurre sobre todo si el nombre de la marca contiene palabras coloquiales que no son registrables.

En cambio, una marca denominativa está relacionada con un diseño gráfico concreto. Esto significa que, al evaluar el riesgo de confusión con otras marcas, no sólo se tiene en cuenta el elemento denominativo, sino también los elementos gráficos utilizados. En consecuencia, puede ocurrir que se infrinja una marca ya existente porque se utilicen los mismos tipos de letra o gráficos similares. Por lo general, una marca se registra en la Oficina de Marcas y Patentes de Múnich.

Si la marca debe protegerse en toda Europa, se registra en la Oficina Europea de Marcas y Patentes de Alicante (España).

61

LA CURVA DE OFERTA Y DEMANDA

Para poder construir una oferta de mercado, se necesitan algunos conocimientos básicos sobre la oferta y la demanda. Aquí veremos la curva de oferta y demanda y conoceremos la relación matemática entre oferta, demanda y precio.

Curva de oferta

La oferta describe la cantidad de un bien puesta a la venta por distintos vendedores en el mercado. La ley de la oferta establece: Si el precio sube, la cantidad ofrecida aumenta en consecuencia y viceversa.

La relación positiva entre cantidad y precio se transfiere de la función de oferta a una fórmula matemática. La curva de oferta muestra entonces la relación matemática gráficamente en un diagrama precio-cantidad, a partir del cual puede leerse cuál es el precio de un producto para una cantidad de oferta dada.

Un buen ejemplo es el mercado de pescado. Supongamos que sólo hay 2 puestos, cada uno de los cuales vende 4 pescados. Si influencias externas modifican esta situación del mercado, por ejemplo, debido a la disminución de las existencias de pescado, la oferta cambia independientemente del precio de la oferta. Esto aumenta o disminuye la oferta y provoca un desplazamiento de la curva general hacia la derecha o hacia la izquierda.

En combinación con la función de demanda, se determina el equilibrio del mercado.

En principio, se supone que el precio determina por sí solo la cantidad de oferta. Sin embargo, también es posible que la oferta se reduzca o aumente por una evolución de la situación del mercado. Pero, ¿qué causa exactamente este cambio en la cantidad de oferta si no es el precio? Entonces deben ser factores externos los que cambien esta situación del mercado. Hay 5 factores que pueden desplazar la curva de la oferta. Aquí, un aumento de la oferta provoca un desplazamiento hacia la derecha, mientras que una disminución provoca un desplazamiento hacia la izquierda.

El precio de los **factores de producción** relevantes también desempeña un papel importante. Si, por ejemplo, el precio de las redes de pesca aumenta en la compra, se ofrece menos (desplazamiento a la izquierda). Si, por el contrario, baja el precio del crudo, se necesita menos dinero para hacer funcionar los barcos de pesca, por lo que puede aumentar la oferta (desplazamiento a la derecha).

A continuación, echemos un vistazo al cambio en el **entorno competitivo:** Si aumenta el número de competidores, la oferta general experimentará un aumento. Por tanto, un aumento repentino del entorno conllevará un aumento de la cantidad sin cambio en el precio (desplazamiento a la derecha). Otra situación imaginable sería que muchos competidores tuvieran que cerrar sus negocios por motivos de insolvencia, de modo que sólo quedaran unos pocos competidores. Entonces se reduce la oferta (desplazamiento a la izquierda).

¿Qué papel desempeñan **los impuestos y las subvenciones** en la situación de la oferta? Si la empresa pesquera está subvencionada, por ejemplo, dispone de más dinero y puede capturar más pescado y llevarlo a los clientes del mercado (desplazamiento a la derecha). Si, por el contrario, la empresa tiene que pagar impuestos más altos, se produce el efecto contrario (desplazamiento a la izquierda).

¿Qué ocurre con ciertas **expectativas**? Si se espera un auge de la demanda de pescado, por ejemplo porque se considera muy saludable en este momento, lógicamente la gente hará todo lo posible por utilizar su producción y producir tanto como sea posible (desplazamiento a la derecha). En cambio, una mala expectativa de futuro provocará una reducción del volumen de producción (desplazamiento a la izquierda).

Curva de demanda

La demanda es la intención de los demandantes de adquirir un producto o servicio. La ley de la demanda dice que el precio determina el nivel de la demanda. Normalmente, una reducción del precio provoca un aumento de la demanda: si el precio de un cartón de leche ha bajado a la mitad, por ejemplo, la gente comprará en consecuencia más leche. Como en el caso de la función de oferta, aquí la función de demanda pone este contexto de precio y cantidad demandada en una fórmula matemática. La curva de demanda es, por tanto, una representación gráfica de esta función. Donde la curva de demanda se cruza con el eje x, se produce **la saturación del mercado**, que es la cantidad demandada a un precio cero. En cambio, el **precio prohibitivo** describe un precio al que nadie comprará el producto y, por tanto, la cantidad demandada será cero.

> **¡Importante!** La suma de las cantidades demandadas por todos los participantes en el mercado se define como cantidad demandada agregada.
>
> Ejemplo: Si 2 amigos van juntos de compras y quieren comprar 2 paquetes de leche cada uno, sin que haya otros clientes en la tienda, la cantidad demandada agregada es igual a 4. Junto con la curva de oferta, se puede determinar el precio de equilibrio y el equilibrio del mercado.

Función de demanda inversa

La relación entre cantidad demandada y precio es inversa. El hecho de que el precio dependa de la cantidad demandada se muestra en la curva de demanda clásica. Por ejemplo, si se compran 5 paquetes de leche, el precio es de 3 euros. Sin embargo, también se podría reformular: Si el precio es de 3 euros, se está dispuesto a comprar 5 paquetes de leche. Esta relación bidireccional equivale a un intercambio de los ejes x e y, lo que da lugar a la función de demanda inversa.

Desplazamiento de la curva de demanda

La cantidad demandada no siempre depende únicamente del precio. En algunos casos, la propia demanda puede aumentar o disminuir, totalmente desvinculada del precio y sólo debido a diversos factores externos que provocan un cambio en la situación del mercado.

Esto se denomina desplazamiento paralelo de la curva de demanda. Un aumento de la cantidad demandada provoca un desplazamiento paralelo hacia la derecha.

Hay distintos factores que pueden provocar un desplazamiento de la función de demanda. Se pueden dividir en 4 categorías:

• Los consumidores cambian sus gustos o **preferencias.** Por ejemplo, si se demuestra que consumir pescado contribuye a mejorar la salud, aumentará la demanda de pescado (desplazamiento hacia la derecha).

• Otro factor que influye es el **número de consumidores**. El crecimiento constante de la población en China, por ejemplo, provoca un aumento de la demanda agregada del mercado (desplazamiento hacia la derecha).

• El **precio de otros bienes influye en** la demanda. Aquí se distingue entre complementos y sustitutos. Para el muesli, por ejemplo, la leche es un bien complementario. Si aumenta la demanda de muesli, es de esperar que también aumente la cantidad de leche demandada (desplazamiento a la derecha). Un sustituto de la leche puede ser, por ejemplo, la leche de soja. Si el precio relativo de la leche de soja baja, es probable que los consumidores compren más leche de soja y ahorren a cambio leche de vaca (desplazamiento a la izquierda).

• No hay que olvidar los ingresos del cliente. Si la renta disminuye mientras el precio del producto sigue siendo el mismo, el consumidor podrá permitirse menos. Por tanto, la demanda disminuirá (desplazamiento a la izquierda).

De la teoría a la práctica

LOS CONSEJOS PRÁCTICOS MÁS IMPORTANTES PARA GENERAR MÁS VENTAS CON EL MARKETING

Marketing y ventas. A menudo se mencionan al mismo tiempo, lo que sugiere una combinación perfecta, como el café y la tarta. En la práctica, sin embargo, la relación entre ambos recuerda más a la del agua y el aceite.

Por muchas razones diferentes, las percepciones de los equipos de ventas y marketing pueden ir en direcciones muy distintas. Merece la pena analizar las causas para poder resolver estos problemas. Ambas partes deben definir los términos y determinar claramente la ubicación del marketing y las ventas en el recorrido del cliente. Entonces, nada debería interponerse en el camino de una cooperación armoniosa. Al fin y al cabo, ambos persiguen el objetivo común de generar más clientes potenciales (es decir, un contacto cualificado con un cliente potencial) y volumen de negocio.

En este capítulo queremos dar 5 sugerencias que deberían ayudar a todas las empresas a coordinar mejor sus actividades de marketing y ventas. Contienen una mezcla de enfoques filosóficos y técnicos que deberían conducir a una mejor comprensión de los procesos.

Consejo 1: Establece definiciones comunes.
Es una de las mayores diferencias entre marketing y ventas, y tiene su origen en concepciones divergentes de lo que es y no es un cliente potencial adecuado.

A menudo, el marketing se fija demasiado en la cantidad de prospectos y menos en su calidad, ya que siente cierta presión de la dirección de ventas para que aporte el mayor número posible de prospectos aquí . Como consecuencia, los comerciales se quejan de que los prospectos proporcionados no cumplen los requisitos necesarios y, por tanto, son de mala calidad. Esto, a su vez, da lugar a bajas tasas de cierre para el personal de ventas. Si, por el contrario, marketing y ventas definen claramente de antemano qué se entiende por cliente potencial cualificado, se pueden evitar muchos problemas de este tipo.

Una buena forma puede ser una reunión de ventas y marketing en la que se pongan en común términos relevantes (por ejemplo: cliente potencial, cliente potencial cualificado y cliente potencial altamente cualificado). Pero, ¿cómo se llega a estas percepciones? Para ello, primero hay que reunir y convertir las características típicas de los clientes potenciales. Prueba, por ejemplo, a crear listas de comprobación que puedan rastrearse en un sistema CRM. Cada cliente potencial debe cumplir un conjunto mínimo de elementos de cualificación para pasar al siguiente paso del ciclo de ventas.

Consejo 2: Utiliza datos de ventas.
Una vez que se ha llegado a un acuerdo sobre la definición de un cliente potencial cualificado, es necesario un mayor esfuerzo para mejorar la calidad de los clientes potenciales con el fin de alcanzar un potencial de cierre satisfactorio. En una encuesta realizada por la Comunidad de Marketing Tecnológico B2B, el 61% de los profesionales del marketing citaron la mala calidad de los clientes potenciales como el principal obstáculo para el

éxito. El obstáculo es comprensible. Al fin y al cabo, hoy en día los clientes tienen muchas más opciones y pueden recurrir a más fuentes de información que nunca.

Por supuesto, esta ventaja también puede y debe ser aprovechada por los equipos de marketing y ventas. Así que empieza con una mezcla sana y claramente definida de datos demográficos (por ejemplo, cuáles son las principales ocupaciones o funciones de los compradores objetivo) y de comportamiento (por ejemplo, qué campaña publicitaria o inserción conduce a más conversiones) para incluirlos en el proceso de evaluación de clientes potenciales. Atribuyendo las ventas a una campaña específica en un sistema de automatización de ventas, los informes pueden mostrar qué mensaje de marketing y de segmentación está proporcionando los clientes potenciales más cualificados. Al vincular otras fuentes de datos y las redes sociales a los registros de clientes potenciales, dispones de un sólido proceso de cualificación de clientes potenciales. Tanto el marketing como las ventas deben ser conscientes de que la calidad suele tener un precio: menos clientes potenciales en este contexto, lo que requiere cierto valor. Sin embargo, con una segmentación precisa, también es más fácil y eficaz alcanzar los objetivos de ventas fijados. Al final, todos salimos ganando: el canal de ventas se limpia y los vendedores pueden centrarse en procesar las oportunidades realmente cualificadas.

Consejo 3: Crea una integración de herramientas de marketing y ventas.

Lógico, cabría pensar. Pero, por desgracia, muchas empresas siguen actuando de forma demasiado aislada cuando se trata de proporcionar y gestionar sistemas de marketing y ventas.

Por ejemplo, a menudo simplemente se compran listas de registros y se bombardean con correos electrónicos. Las respuestas se transmiten rápidamente a ventas. Por supuesto, este sencillo camino también puede conducir a las ventas, pero hay otro mejor: Mediante un sistema integrado de ventas y marketing, el camino de la generación de clientes potenciales es mucho más diferenciado. Aquí se pueden utilizar varios productos de software al mismo tiempo.

Con el uso de mecanismos de scoring y nurturing (es decir, dirigiéndose a los clientes potenciales con información relevante en el momento adecuado), las empresas pueden automatizar el proceso de pasar clientes potenciales cualificados al departamento de ventas. Esto permite a los vendedores invertir toda su energía en los clientes potenciales que tienen más probabilidades de cerrar una venta.

Consejo 4: Consigue las mejores prácticas (es decir, métodos probados o ejemplares) mediante flujos de trabajo óptimos e inteligentes.
Los contactos cualificados pueden perderse incluso con un sistema integrado de automatización de marketing y ventas.

Aunque un método de puntuación puede activar automáticamente el enrutamiento de clientes potenciales a ventas, es posible que los clientes potenciales sean mal medidos por las herramientas de ventas o que reciban un tratamiento inadecuado por parte del personal de ventas. Para que los contactos "calientes" no se enfríen, hay que hacer un seguimiento adecuado del estado de los leads y establecer controles. Es la única forma de garantizar un seguimiento oportuno por parte del personal de ventas y de adelantarse a la competencia.

Un flujo de trabajo moderno en el proceso de reenvío y gestión de nuevos contactos dentro de un sistema CRM ya puede remediarlo. Por ejemplo, este flujo de trabajo puede supervisar varias acciones -o la falta de acción- cuando se reenvían a un representante de ventas concreto y pasarlos a un colega menos ocupado si no se atienden en un plazo de tiempo específico. Este método aumenta el potencial de conversión de clientes potenciales en compradores y garantiza una experiencia de compra positiva y sin fisuras para el cliente captado.

Consejo 5: Obtén una visión holística de tus clientes.

La mala noticia es que los sistemas CRM y de marketing no pueden registrar todos los comportamientos de los clientes. La buena noticia es que hay toda una riqueza de datos de clientes en otros sistemas que pueden utilizarse para mejorar el rendimiento empresarial. Por ejemplo, los sistemas ERP (planificación de recursos empresariales) y de facturación contienen información sobre las transacciones que puede evaluarse e integrarse con los datos de marketing y ventas.

Esto hace que sea mucho más fácil dirigirse a clientes con un potencial realmente alto. Los datos de los canales de las redes sociales también suelen proporcionar más información sobre las preferencias y comportamientos del grupo objetivo. En cualquier caso, deben comprobarse varias fuentes internas y externas. Esto puede garantizar que los datos de contacto no contengan errores, lo que optimiza aún más la eficacia de las campañas publicitarias.

Resumen

El mundo empresarial actual es diverso y exigente. Esto ha cambiado las directrices del marketing. Los clientes potenciales investigan e informan más antes de ponerse en contacto con ventas. Crear sistemas sin fisuras, adoptar una visión incondicional del cliente y aprovechar al máximo la gran cantidad de datos disponibles sobre los clientes o los que están a punto de serlo puede promover una colaboración armoniosa entre marketing y ventas. El resultado final es una mayor calidad de los contactos con los clientes y un traspaso interno productivo con mayores tasas de cierre. Hoy en día, tenemos la suerte de que ya existen tecnologías avanzadas y rentables para apoyar este esfuerzo. En última instancia, está en manos de cada empresa construir un puente estable entre marketing y ventas eligiendo un software flexible.

Y AHORA TÚ: EN 10 PASOS HACIA TU PLAN DE MARKETING

A veces, el marketing puede ser un laberinto. Hay tantas posibilidades y formas de alcanzar el éxito.

Sin embargo, esta diversidad puede resultar fácilmente abrumadora, sobre todo si aún estás empezando. Para concluir esta guía, nos gustaría facilitarte un poco la puesta en práctica y proporcionarte 10 sencillos pasos para crear un plan de marketing práctico.

Paso 1: Define tu grupo objetivo y desarrolla una comprensión de su problema.

La base más importante para el éxito del marketing de productos es el conocimiento exacto del grupo objetivo, el conocimiento de los deseos, problemas o retos. Acotar a estas personas con la mayor precisión posible permite un enfoque específico.

Paso 2: Averigua tu USP.

¿Por qué tu grupo objetivo debería elegir tu producto y no el de la competencia? ¿Cuál es tu porqué? ¿Qué convicción tiene tu empresa y qué representa?

Hoy en día, cada vez más clientes potenciales se informan sobre el mensaje y los valores de una organización y evalúan si coinciden con los suyos. Así que tu organización necesita una motivación clara de por qué un posible cliente bien informado debería elegir tu bien. En cualquier caso, aquí debe encontrarse una respuesta clara. Esta respuesta clara se denomina USP (Unique Selling Proposition) en el entorno de las marcas y se refiere a una propuesta de venta única, es decir, algo que sólo tu empresa puede ofrecer o que distingue tus ofertas.

Paso 3: Desarrollar el entusiasmo del cliente.

Este paso consiste en encontrar una definición precisa del beneficio del cliente. ¿Cómo construyes exactamente tu oferta para evocar emoción en tus clientes e, idealmente, incluso superar sus expectativas? He aquí algunos principios para una gran experiencia del cliente:

• La satisfacción del cliente no debe ser una casualidad, sino que debe planificarse con precisión.

• Utiliza componentes sociales positivos.

• Da a tus clientes una sensación de control.

Paso 4: Formular la promesa y la garantía.

Se trata de presentar al cliente las cosas previamente determinadas. Todo lo que se anotó y decidió previamente debe "empaquetarse" ahora de forma atractiva y convincente para que tus clientes puedan desarrollar confianza.

Paso 5: Crea una oferta irresistible para empezar.

La aplicación de los 4 primeros pasos te proporciona ahora una base importante para tus actividades de marketing. El paso 5 debería reducir el umbral de inhibición de tus clientes para entablar una primera relación comercial con tu empresa.

Por tanto, se trata de convencer a los clientes potenciales de una oferta determinada y tentadora. La captación de nuevos clientes suele engullir la mayor parte del presupuesto de marketing, lo que está justificado si existe un concepto de marketing que funcione.

Paso 6: Poner el contenido en las palabras adecuadas.

Ahora que has llegado hasta aquí, has pensado en cuál es tu visión y tu USP, qué quieres prometer a tus clientes y qué oferta inicial suena especialmente convincente.

Todo esto debe traducirse ahora en textos publicitarios buenos y claramente formulados, porque nada hace más difícil que tus clientes se decidan por tu oferta que unos textos aburridos y difíciles de entender, por muy buena que sea la oferta en sí. Así que, independientemente de cómo quieras comercializar tus productos, los textos que utilices determinarán su éxito o fracaso.

Paso 7: Establece una secuencia en el proceso de marketing.

Aquí se define cómo y dónde se puede dirigir mejor al grupo objetivo pertinente y convertirlo paso a paso desde el primer contacto en clientes habituales rentables. Cada cliente pasa por diferentes etapas antes de comprar un producto, que pueden variar algo según el sector.

El término técnico en marketing es embudo. Puedes imaginar a un posible cliente siendo introducido en el embudo desde arriba y saliendo por abajo como cliente. Por desgracia, en realidad, no todas las personas introducidas por arriba salen por abajo como clientes reales. Esto se debe a que el llamado embudo tiene agujeros por los que los posibles clientes potenciales pueden caer en cada etapa. Por lo tanto, el objetivo principal debe ser tapar estos agujeros lo mejor posible y, al mismo tiempo, llevar al embudo de la parte superior el mayor número posible de nuevos clientes potenciales.

Paso 8: Definir los canales para llegar a los clientes.

En el paso 7, se definieron las respectivas etapas del proceso de marketing. El paso 8 debe aclarar ahora qué opciones pueden utilizar los compradores potenciales para pasar de una etapa a la siguiente. Es importante considerar qué canales de venta funcionan mejor, dónde está bien representado el grupo objetivo y qué canales encajan bien con tu empresa y tu oferta de productos. Por ejemplo, los rollators para personas mayores no deberían promocionarse en el portal de vídeos TikTok, que es popular entre los adolescentes. Céntrate en los canales seleccionados en lugar de probar tantos como sea posible.

Paso 9: Desarrollar la comprensión numérica.

Antes de aplicar lo aprendido, sigue siendo de inmensa importancia comprender con precisión los propios números.

Muchas personas se ocupan intensamente del marketing, pero pierden de vista los números. Comprender el marketing y calcular su éxito requiere un cálculo sensato. Sólo si conoces tus números podrás juzgar si tus actividades de marketing tienen sentido o si tus números deben mejorarse. En resumen: el éxito del marketing requiere absolutamente una comprensión de los números.

Paso 10: Encuentra socios fuertes.

Ha llegado el momento de felicitarte. Llegados a este punto, has sentado las bases para entablar colaboraciones en marketing, porque las buenas colaboraciones son cruciales para tu éxito. En muchos sectores son la norma y suponen una ventaja para todas las partes implicadas. Sobre todo cuando varias empresas se dirigen al mismo grupo objetivo y ofrecen productos similares.

Conclusión: Este es tu plan de marketing

Como puedes ver, también puede ser fácil establecer una estrategia de marketing preparada para los negocios. No es necesario leer gruesos libros de texto ni tener un título. El sentido común puede crear mucho, sobre todo teniendo en cuenta que los pasos individuales de un concepto de marketing son muy similares en todas las industrias.